AF242578

NOTICE

SUR

RIVAROL.

NOTICE

SUR

RIVAROL.

PARIS,

IMPRIMERIE DE H. FOURNIER,

RUE DE SEINE, N° 14.

M DCCC XXIX.

NOTICE

SUR

RIVAROL.

ANTOINE DE RIVAROL était né à Bagnol en Languedoc, au mois de juin 1753. Cerutti, qui a tracé
de lui un portrait fort malin (pour ne pas dire fort
méchant), est du nombre de ceux qui ont assuré
que le père de cet écrivain célèbre était aubergiste
dans sa petite ville. Il paraît, en effet, constant
qu'un Rivarol, chargé d'un grand nombre d'enfans,
avait été obligé d'ouvrir une auberge pour assurer
la subsistance de sa famille; mais ce fait pouvait
être le résultat de quelques malheurs de fortune, et
il ne prouverait pas absolument une naissance peu
illustre. Cubières-Palmézeaux, dans une *Vie de Rivarol* imprimée en 1803, le fait descendre d'un marquis
de ce nom, lieutenant-général dans les armées de
Louis XIV; et une Notice qui se trouve en tête des

1

OEuvres complètes de Rivarol (1808) le donne pour petit-fils d'un Piémontais qui s'était établi dans le bas Languedoc en 1720, après avoir fait, en brave officier, toute la guerre de la Succession. On ajoute même qu'il était issu d'une maison très-ancienne et très-connue du Piémont, qui avait autrefois possédé un fief considérable situé sur la rivière d'Orco. Il vaut mieux s'en rapporter à madame de Rivarol, qui, désavouant la Notice faite par MM. de Chenedollé et Fayolle, a dit simplement que le grand-père de son mari était né à Novarre; qu'il avait épousé à Nîmes une femme qui n'était nullement noble, mais très-belle, et dont il eut plusieurs enfans; que l'aîné, père de Rivarol, avait *reçu l'éducation qu'on donne aux gens bien nés*, et qu'il épousa une femme très-jolie, qui fut, de plus, une mère de famille respectable. Rivarol était, dans l'ordre de naissance aussi bien que dans celui du mérite, le premier des seize enfans de cette dernière union.

Je vois encore dans le portrait tracé par Cerutti que Rivarol fut d'abord soldat : il est mieux prouvé qu'on l'avait destiné à l'état ecclésiastique. Ce fut probablement en sortant du séminaire d'Avignon qu'il remplit des fonctions de précepteur à Lyon, sous le nom de *Longchamps;* ensuite il se fit connaître à Versailles sous le nom de *Parcieux.*

Ayant été forcé de le quitter, il prit le titre de *che-valier*, qu'il devait échanger plus tard contre celui de *comte*. Le prix qu'il y mettait, et ce qu'il débitait sur sa famille, noble ou non, joint aux prétentions qu'il avait eues de bonne heure à des talens supérieurs en littérature, tout cela lui valut dans le public beaucoup de plaisanteries, quelquefois niaises, et souvent assez gaies. Au nombre des bonnes ne peut-on pas compter un mot que je vais rapporter ?

La boutique du libraire Desenne, au Palais-Royal, était, dans les trois premières années de nos troubles politiques, le rendez-vous des royalistes, des antagonistes les plus déclarés et aussi les plus spirituels de la révolution. C'est là que l'abbé Delille, entendant quelqu'un dire : *Tu déraisonnes comme le décret d'hier*, se récria : *Eh, messieurs, pourquoi dater ?* Rivarol avait embrassé, un jour entre autres, chez Desenne, la cause de la noblesse, et la défendant avec chaleur, il usait et abusait de cette formule : « *Nous autres gentilshommes ! — Nous..... nous... nous...* répétait à chaque fois dans un coin de la boutique M. de Créquy, *voilà un pluriel qui me paraît bien singulier !* »

On a dit de Rivarol : *c'est le Français par excellence.* Il faut rendre à Buffon ce mot, qu'on avait prêté à Voltaire. Le plus illustre des écrivains du dix-huitième siècle prétendait trop à tous les genres

de gloire pour être juste, même envers ses infé-
rieurs. Il n'aurait pas employé une telle expression
en fait d'éloge. Despote en littérature, il ne voulait
que des courtisans, et Rivarol n'était pas homme à
l'être. Personne ne fut plus Français que celui-ci,
dans ce sens que personne n'eut plus que lui le don
qu'on appelle *esprit*, et qu'il a si bien défini :

« L'esprit est en général cette faculté qui voit
vite, brille et frappe..... Dans le monde il est toujours improvisateur; il ne demande ni délai, ni rendez-vous pour dire un mot heureux. Il bat plus vite
que le simple bon sens : il est, en un mot, *sentiment prompt et brillant.* »

En France (nous pouvons l'avouer puisque tout
le monde le dit), et surtout dans le midi du royaume,
l'esprit est un fruit du sol : Montaigne le qualifiait
de *prime-sautier*. Il a brillé dans les palais, il trouve
sa place dans les chambres législatives, prend tous
les tons dans les salons, excite le rire à la guin-
guette, médit dans la loge du portier, fait valoir la
brochure du jour, enfin inspire et aiguise le couplet
de circonstance. « Et dans quel pays n'a-t-on pas
d'esprit? » va s'écrier quelque censeur. L'esprit pro-
prement dit n'est, j'en conviens, étranger ni à l'Allemagne, ni à l'Italie, ni à l'Angleterre, etc.; mais
nulle part on ne le voit, comme chez nous, pousser
sans soin et sans culture. Il semble dans les autres

contrées être un produit exotique : ici on le reconnaît, comme la bravoure, pour indigène.

Rivarol pouvait-il manquer d'être signalé comme le type de l'esprit français à la fin du dix-huitième siècle, où cet esprit était devenu une puissance ? Brillant et plein de saillie dans la conversation, glissant avec grace sur les surfaces, tour à tour piquant ou étincelant dans son style, il peut représenter, à lui seul, beaucoup des qualités et des défauts qui sont particuliers à notre nation. Du reste, loué, adulé même, de son vivant, objet d'une vogue passagère, il me semble n'avoir laissé, comme titres à une gloire durable, que fort peu d'ouvrages qui soient connus hors de France : encore les a-t-il laissés presque tous incomplets. Sa facilité à concevoir et à s'exprimer était telle, qu'il aurait pu se plier à toute espèce de productions littéraires, réussir dans les genres les plus élevés ; mais on se demande s'il en est un seul parmi ceux de ses écrits que nous connaissons où il ait montré un grand talent. Toujours sera-t-il vrai que ses bons mots épigrammatiques sont devenus fameux, et qu'un certain nombre de phrases, choisies dans ce qu'il a publié, offre un caractère tout particulier. Si l'on parle surtout de quelques belles pages de son *Discours préliminaire du Dictionnaire de la langue française* et de son *Journal politique national,* on aura résumé, je crois, tout ce qui semble devoir porter à la postérité le nom de Rivarol, quelque répandu qu'il ait été en Europe dans le temps où il existait.

Pour peu qu'on ait vécu avec lui, qu'on l'ait entendu dans ses bons jours, on ne manque pas de raisons pour légitimer le désir assez naturel de transmettre les souvenirs qu'on en a gardés. Ce n'est pas, je le sais, un motif suffisant pour se constituer son juge; mais du moins n'affiche-t-on pas une trop grande prétention en se désignant comme son écho fidèle. Citer beaucoup de ses paroles et quelque chose de ses écrits m'a paru la meilleure manière de le faire connaître. Ne pouvant pas séparer tout-à-fait en lui l'homme du monde de l'homme de lettres, je parlerai d'abord un peu plus de sa personne que de ses ouvrages.

Je n'ai pas été précisément dans son intimité; mais je me trouvais fréquemment avec lui pendant l'année 1799, que j'ai passée tout entière à Hambourg (1); et, sans en avoir formé le projet, je recueillais presque de jour en jour ce qu'il avait dit de remarquable, soit chez lui, soit chez les autres. De plus, j'ai eu des rapports avec quelques-uns de ses amis, de ses enthousiastes même. Ils pensaient et répétaient ce qu'en ont pensé et répété des juges

(1) Rivarol habitait cette ville depuis 1795, époque de son retour de Londres.

moins prévenus : que Rivarol n'aurait pas dû se contenter aussi souvent des applaudissemens de certains jeunes désœuvrés, qui assistaient à son lever pour avoir le droit d'aller ensuite se vanter d'être liés avec un homme supérieur. Les amis que je désigne ici exprimaient très-vivement le regret qu'il n'eût pas travaillé pour une gloire plus solide et plus digne de ses facultés intellectuelles; en un mot, qu'il n'eût pas fait un meilleur usage de ce don de manier la parole qu'il avait reçu du ciel comme par faveur spéciale. Il le possédait si bien, que lorsqu'il sortait de sa sphère de personnalité et des éloges peu modestes qu'il n'était que trop enclin à se prodiguer lui-même; lorsqu'il oubliait, ou cessait tout à coup de se livrer à ses moqueries toujours pleines de malice, et quelquefois des plus mordantes, on était entraîné par un charme, par une admiration qui allaient jusqu'à une sorte d'enivrement. On se demandait si l'on pouvait trouver un parleur plus éblouissant, non-seulement dans les sociétés où les plaisirs de l'esprit tiennent une certaine place, mais même au barreau, même dans les académies où l'on se pique le plus de bien dire.

Si je viens de qualifier Rivarol de *parleur* éblouissant, c'est que le mot *causeur* eût donné une idée beaucoup moins juste de sa faconde, un peu exclusive. Avec lui la conversation se bornait presque toujours à un monologue dont il faisait les frais. Combien de personnes dans le monde réservent, ainsi que lui, leurs louanges, et accordent un mérite distingué aux hommes seuls qui, sans ouvrir presque jamais la bouche, savent prêter l'oreille et applaudir par signes! Au surplus, si Rivarol figurait en première ligne parmi les gens d'esprit qui accordent la préférence aux écouteurs, quels avantages ne possédait-il pas pour les attirer à lui? La tribune législative eût été très-avantageuse à un orateur organisé comme il l'était. C'est là qu'il aurait apporté une imagination des plus mobiles, une extrême promptitude de conception, enfin une élocution pleine de grace, le tout bien secondé par un organe docile et agréable. On peut produire de grands effets à la tribune sans s'y être préparé par de longues méditations : heureux celui qui réunirait habituellement la hauteur des idées à la facilité et à la richesse des expressions improvisées.

Je n'ai trouvé personne (madame de Staël exceptée), qui, dans le cercle ordinaire de la vie, montrât spontanément une aussi grande abondance d'idées brillantes et quelquefois profondes; personne qui fournît autant de traits à retenir. Les images, les comparaisons, semblaient chez lui couler de source. Il en était prodigue quand il écrivait; mais il lui arrivait, dans ses momens de bonne foi, de

juger lui-même son style, et d'avouer que dans ce qui sortait de sa plume il y avait parfois quelque chose de trop tendu, parfois aussi de trop familier. Rentrait-il dans ce que l'on peut appeler le naturel, alors l'habitude de rendre sa pensée à mesure qu'elle jaillissait de son cerveau nuisait au sujet qu'il voulait traiter sérieusement. Il aurait eu plus de peine à reconnaître la justesse d'une explication qu'il est facile de donner des défauts qu'on lui reproche comme écrivain : c'est qu'il avait été gâté de bonne heure par ses succès de salon. En conséquence, il confondait trop facilement la langue écrite avec la langue parlée. Telle était l'idée de Cerutti, déjà cité, lorsqu'il a dit de Rivarol que « ses idées s'éla-
« boraient en secret, qu'il les passait ensuite à la
« filière de la conversation, et que se laissant sur-
« prendre à ce que son langage, plus ou moins élec-
« trisé par l'échange des idées, avait d'entraînant,
« de séducteur, il transportait ses bons mots dans
« ses livres. — Il essaie ainsi, ajoute Cerutti, les
« petites gaietés qu'il destine à la presse. Il récite
« son esprit avant de le vendre. Il babille d'avance
« tous ses pamphlets, et il improvise le libelle avec
« une prestesse qui laisse loin derrière lui les im-
« provisateurs italiens. »

Quelqu'un qui voulait compléter ce portrait, a comparé Rivarol à Chamfort, en disant de l'un

comme de l'autre : « Il est de ces hommes qui, à
« force d'esprit et de malice, charment leurs con-
« temporains en se moquant d'eux. »

On a observé que le style de Rivarol, de même
que celui de Beaumarchais, offre le plus souvent
ces *lazzi*, ce jargon, ces formes bizarres, ces témé-
rités du néologisme, enfin ce caractère d'originalité
que l'on oppose à la satiété du bon goût et à l'ennui
du naturel, quand une fois la civilisation est poussée
trop loin dans une nation. Rappelons aussi, parmi
les excès de sa manière d'écrire, cette foule de
mots scientifiques ou techniques qui sont consacrés
dans les laboratoires ou les manufactures, mais qu'il
ne faut pas trop importer dans la littérature. Rien,
sans doute, de plus piquant que l'arrivée soudaine
et dégagée de tout pédantisme d'un de ces mots inso-
lites et sévères, lancé au milieu du langage habi-
tuel, si toutefois le mot est aisément compris; mais
un emploi exagéré des contrastes, et le genre d'af-
fectation qui en résulte, ne pouvant manquer de
fatiguer bien vite, on doit réserver la langue des
sciences pour les sujets qui sont de leur domaine.

L'abus que je fais remarquer était d'autant plus
répréhensible chez Rivarol, qu'on le soupçonnait
de n'avoir que des connaissances assez superficielles
en physique et en chimie, les deux sciences précisément dont il aimait le plus à emprunter les termes

usuels. Il avait, dit-on, fixé davantage son attention sur la géométrie; mais je doute que dans sa vie il ait mis beaucoup de suite à une autre étude que celle de la langue française; et encore, comme l'observe à ce sujet Chénier, « quand il développe avec « une longueur pénible la série des sensations, des « idées et du langage, on sent un homme de beau- « coup d'esprit, qui, par malheur, veut enseigner « ce qu'il aurait besoin d'apprendre. » Chénier lui-même aurait eu besoin d'apprendre dans ce genre; mais il entendait son Condillac, et se croyait grand clerc en métaphysique.

C'était en politique principalement que Rivarol avait la prétention de passer pour profond. La vérité est que quoiqu'il fût loin de manquer d'un fond naturel où il pouvait puiser, il lui suffisait d'avoir saisi au passage les idées, n'importe de qui, s'il leur trouvait du mérite, ou bien d'avoir effleuré lui-même une matière quelconque, pour en tirer parti de manière à étonner, à captiver les suffrages. Il est vrai encore qu'il pouvait écrire avec aisance sur toutes sortes de sujets; enfin il est vrai que les hommes eux-mêmes auxquels il dérobait ce qu'ils n'avaient souvent acquis qu'avec beaucoup de temps et de travail, reconnaissant, dans les paroles ou dans les écrits de l'enchanteur, la traduction de leurs propres pensées, et leurs résumés, lui savaient gré d'un larcin qui les embellissait à leurs propres yeux.

Tout ce que j'ai dit jusqu'à présent confirme ce que j'avais avancé de la vivacité et de la continuité de la faculté dominante chez lui. L'esprit tenait tant de place dans l'organisation morale de Rivarol, que rarement il s'arrêtait à la limite convenable. N'en doit-on pas conclure que le principe de la véritable chaleur pouvait lui manquer, et que le mouvement était plus dans son imagination que dans son ame? Sa femme a dit, dans une Notice qui a paru après lui, et qui est restée en tête du premier volume des OEuvres *complètes*, ou prétendues telles, imprimées en 1808, qu'il avait mis son esprit à la place de son cœur.

Voulait-on qu'il se fît voir dans son jour le plus favorable, il fallait le provoquer ou seulement le laisser discourir sur Pascal, Racine, La Fontaine et madame de Sévigné. C'étaient là, parmi les modernes, ses auteurs de prédilection, et même les seuls que devant moi il ait loués constamment, lui qui était si naturellement porté à censurer. Il savait par cœur, récitait avec grace et commentait avec verve les plus beaux morceaux des trois grands écrivains que je viens de nommer, et de cette mère si éloquente sans le savoir (1).

(1) Rivarol m'avait prêté un exemplaire des Lettres de madame de Sévigné, édition de 1775, dite *des libraires associés*, qui était chargée

Ai-je besoin d'ajouter qu'il aimait, plus que tout, à citer ses propres productions? Ce n'est pas un faible appartenant uniquement aux hommes qui ont vraiment le talent d'écrire : trop de gens croient posséder ce talent-là. A l'époque où j'ai vécu à portée de Rivarol, il était obligé, lorsqu'il avait envie de se faire admirer, autrement que par ses paroles fugitives, de recourir à son ancien porte-feuille. Il ne travaillait que fort peu à Hambourg, quoiqu'il eût des engagemens à remplir avec le public et avec son libraire, dont il se plaignait, par une de ces faiblesses ou conditions de notre humanité, qui nous porte à accuser les individus envers qui nous avons des torts.

Il avait donné, en 1797 et 1798, au *Spectateur du Nord*, recueil périodique rédigé dans cette même ville de Hambourg par M. de Baudus, quelques morceaux piquans, entre autres un *Essai sur l'amitié;* puis, sous la forme d'extraits ou comptes rendus d'ouvrages, des jugemens sévères et même très-épigrammatiques au sujet des dernières publi-

par lui de notes marginales. Elles contenaient les unes des explications, et les autres des éloges : il y en avait de fort ingénieuses. Je citerai une seule de ces notes à propos d'une phrase adressée à madame de Grignan par sa mère (tome VII, page 163) : « Ah! si M. le chevalier « avait une telle cause en main, avec *ce beau sang bouillant qui fait la* « *goutte et les héros.* » Rivarol remarquait que Voltaire a beaucoup imité, et imité avec bonheur, cette manière de rapprochemens.

cations qu'il eût connues de Florian, de mesdames de Staël et de Genlis, qu'il drapait tous trois également.

S'agissait-il d'excuser la paresse qui le dominait, au point de lui faire passer ses matinées dans son lit où il était rare qu'il ne fût pas entouré d'auditeurs bénévoles, il disait, avec son originalité habituelle, que le grincement seul d'une plume sur le papier lui agaçait les nerfs; et qu'il lui était impossible de supporter *cette triste accoucheuse de l'esprit, avec son long bec effilé et criard.* « Il me « faudrait, ajoutait-il, une empreinte où je pusse « jeter tout à la fois la masse de mes idées. »

En mettant de côté la singularité d'expression, combien n'a-t-on pas rencontré de paresseux qui répondaient par une apologie aussi peu concluante aux reproches de l'amitié, en fait d'omission dans leur commerce épistolaire?

Rivarol ne choisissait pas ses auditeurs, mais s'attachait à tous ceux qu'il trouvait quand il avait besoin de se livrer au plaisir de parler. Il sacrifiait ainsi son temps à la jouissance d'éblouir ou d'amuser, même des individus qui ne pouvaient guère le comprendre. Je me pique, moi, d'être de ces hommes commodes pour ceux qui aiment beaucoup qu'on les écoute, et qui méritent plus ou moins d'être écoutés. C'est un petit talent comme tant d'autres que de savoir prêter l'oreille, ou même d'avoir l'air de la prêter, si l'on a besoin de penser à autre chose.

Rivarol ne se montrait nullement fâché, et moi j'étais charmé lorsque quelque circonstance le rapprochait de moi; je l'étais surtout les jours où il n'était pas en veine de cette présomption ou de cet esprit de dénigrement que je lui ai imputés plus haut. Je n'ai pu oublier, au bout de trente ans, une foule de mots de lui, les uns fort heureux, et les autres seulement aiguisés de malice.

Rien de mieux tourné, peut-être, qu'une phrase toute faite qu'il répétait, sans qu'on le lui demandât, sur un négociant hollandais fixé alors, comme les émigrés français, à Hambourg, et qui était signalé très-défavorablement, dans d'autres pays encore que le sien, sous un rapport qu'il ne s'agit pas d'expliquer ici : « C.... a, disait-il, un grand avantage sur « nous; il défie la calomnie, il force la médisance à « parler bas, et il ne craint pas la postérité. »

Plusieurs des Français établis en Allemagne, et principalement dans la basse Saxe, par suite de la révolution, s'étaient livrés au commerce en détail, qui était devenu leur seule ressource. On les accusait de l'exercer d'une façon ignoble, quelquefois même un peu éloignée de l'extrême délicatesse. Rivarol assurait avoir adressé en face à un de ces négocians de circonstance ces mots si durs : « L'Arioste a fait

« voir dans la lune une chambre de bons sens perdus ;
« prenez garde qu'on n'aille aussi là-haut en cher-
« cher une, à votre grande confusion, pour les
« bassesses perdues. »

Il prétendait un jour qu'à Hambourg les esprits animaux de l'émigration étaient accourus pour se réunir à la masse. « On voit ici, disait-il, le contraire « de la métamorphose naturelle ; *bien des papillons* « *y sont devenus chenilles.* » En effet, l'exil, la mauvaise fortune, qui nuisent à tout, avaient été une épreuve funeste, même pour l'amabilité de certains hommes que jadis on avait cités en France comme des modèles de grace et d'élégance. Voltaire, beaucoup plus satirique que gai, aurait pu garder pour eux ce vers d'une de ses soi-disantes *comédies :*

Souffrir n'est rien : c'est tout que de déchoir (1).

Sept ou huit membres fameux de l'assemblée appelée *constituante* grossissaient le nombre des Français obligés de vivre en pays étranger pendant que le gouvernement républicain désolait, tyrannisait la France. Ils se trouvaient pêle-mêle avec ceux de leurs compatriotes qu'eux-mêmes, dans le temps de leur toute-puissance, ils avaient condamnés en masse comme émigrés. Les hommes que

(1) NANINE.

je désigne ici, et à qui la vindicte de l'opinion
publique faisait encore porter, en 1798 et 1799,
la peine de leurs anciennes erreurs, non par des
reproches et des insultes, mais par des mépris,
n'avaient pas renoncé à donner des conseils pour
rétablir la monarchie. « Les bonnes gens ! disait
« d'eux Rivarol : après avoir été incendiaires, ils
« viennent s'offrir pour être pompiers. »

C'est à propos du trait qui finit une pièce de vers
composée par lui, et dont il sera bientôt question
ici, qu'il disait : « Il est si triste de vivre dans ce
« pays, que je ne connais de beau que d'y mourir. »
Par là il faisait allusion aux pompes funèbres de
Hambourg, qui sont bien ordonnées, mais n'ont
rien de trop lugubre, du moins pour les personnes
qui n'ont pas à pleurer particulièrement celle à qui
elles voient rendre les derniers devoirs. Les bières
des gens riches sont en bois d'acajou, avec une
plaque d'argent et une inscription fort bien gravée.
A cela près que le costume des porteurs est noir, il
ne caractérise nullement leurs fonctions. Ils ont une
perruque ronde à boucles, sans chapeau ; un petit
manteau est attaché à l'habit. Enfin les cérémonies
d'usage ne ressemblent nullement à ce qui se pra-
tique en pareil cas dans les États catholiques.

Il est à observer que Rivarol n'eut pas, à la fin
de sa carrière, les honneurs de cette étiquette mor-

tuaire des Hambourgeois, à laquelle il avait donné
une sorte d'éloge. Pressé de revenir en France, il
avait devancé le 18 brumaire an VIII (9 novembre
1799), pour faire auprès du Directoire exécutif plusieurs démarches tendant à obtenir sa rentrée; mais
elles étaient restées sans succès. La nouvelle révolution de cette époque ranima ses espérances, qui
allaient, dit-on, être réalisées en 1801, lorsqu'il
fut atteint d'une maladie dont il mourut à Berlin,
le 13 avril de cette année, âgé de quarante - sept
ans (1). La princesse Dolgourousky, russe, qui lui
avait procuré dans cette ville une existence hono-
rable et heureuse, paya les dettes qu'il laissait, et
eut la délicatesse de faire dire partout que c'était
avec de l'argent que lui avait envoyé la famille de
Rivarol. Il n'avait eu de son mariage avec miss Flint
qu'un fils, entré fort jeune au service de Danemarck,
et qui a passé ensuite à celui de Russie, où il est
mort.

En 1790 il disait à Mirabeau, qui se vantait de
faire une grande dépense : « Je ne m'en étonne pas :
« l'argent ne te coûte que des crimes, et les crimes
« ne te coûtent rien. »

Il disait encore que, dans leurs faibles efforts pour

______

(1) Il avait quitté Hambourg dans l'été de 1800, et il passa l'hiver
suivant en Prusse.

combattre la révolution française, les puissances étrangères étaient presque toujours en retard *d'une pensée, d'une armée, d'une année.*

Un jour M. *** lui annonçait qu'il lui écrirait le lendemain *sans faute.* « Je vous en défie, répon-« dit-il; mais en tout cas ne vous gênez pas. »

« Voilà un homme que la révolution n'a jamais « pu *dépouiller.* » C'est ainsi qu'il désignait un Français infiniment peu soigné dans sa propreté, celle de la tête surtout, et qui en subissait très-ostensiblement la conséquence, fort redoutée, comme on le sait, en bonne compagnie.

Il est aisé de juger que personne n'était aussi recherché que lui dans le nombre des émigrés que les cinq dernières années du dix-huitième siècle avaient amenés sur les bords de l'Elbe. J'ai indiqué plus haut que Hambourg, devenu l'asile de beaucoup de Français, était aussi celui des proscrits de toutes les nations européennes. C'est ce qui faisait dire à quelqu'un de ma connaissance que cette ville se montrait à la fois *consolatrix afflictorum* et *refugium peccatorum.* Parmi les pécheurs non convertis, mais affligés, on vit, en 1796, un fameux diplomate, qui n'a jamais marché d'un pas ferme (suivant le sens le plus matériel de ces mots), ce qui, au reste, ne l'a nullement empêché de faire son chemin. Ce personnage, de tout temps ami déclaré de la révolution française, et fort éloigné, par conséquent, de partager les opinions politiques des émigrés réfugiés à Hambourg, ne fuyait pas, pour cela, leur société. Un soir, il entrait chez Rivarol sans que sa visite y fût attendue, et le hasard voulait qu'il eût fourni, depuis quelques minutes, matière à une conversation qui n'avait pas été uniquement à son avantage. Son apparition subite imposant silence à tout le monde, il s'aperçoit de l'effet qu'il produit, et demande très-simplement de quoi il s'agissait. « Nous parlions, lui dit Rivarol, de « quelqu'un que l'on pourrait prendre pour la jus- « tice d'Horace, si ce n'était elle qui depuis long- « temps court après lui. » Le diplomate, soit qu'il eût ou non présent à la mémoire, en cet instant, le texte précis du poète latin : *pede pœna claudo*, ne poussa pas plus loin les questions, et s'en tint à fournir son contingent d'esprit jusqu'à la fin de la soirée.

Rivarol rencontre un soir au théâtre de Hambourg un jeune émigré (1) beau et brave, mais doué de fort peu d'esprit, et qui avait souvent l'air de s'ennuyer. « En vérité, mon cher, lui dit ce jeune

______

(1) C'était M. D***, capitaine d'un régiment au service anglais, et qui, plus tard, étant rentré en France et arrêté dans une rue de Paris, par l'effet d'une méprise résultant d'un ordre du Directoire exécutif, ne put éviter sa condamnation à mort.

« homme avec la fatuité d'un grand enfant gâté des
« femmes, tu devrais bien m'amuser. — J'y consens,
« répond l'autre; mais me promets-tu de me le
« rendre? »

Employant, dans les cercles où il voulait briller
davantage, l'activité de son esprit à toutes sortes
de problèmes historiques et métaphysiques, un de
ceux qu'il se proposait de temps en temps à lui-
même avait pour objet les progrès qu'aurait faits la
civilisation si Carthage avait triomphé de Rome, et
il prétendait prouver, en s'appuyant sur le génie
opposé des deux républiques, que dans ce cas l'Europe pouvait être éclairée huit ou neuf cents ans
plus tôt. Le développement prolongé des idées sys-
tématiques qu'il improvisait sur ce sujet était des
plus remarquables.

Pour parler maintenant plus en particulier de
Rivarol écrivain, il faut dire qu'avant d'être connu
comme tel, il avait dû à sa manière avantageuse de
se présenter et à cette élocution presque incompa-
rable sur laquelle je reviens encore, son introduction dans quelques cafés littéraires de Paris, et les
premiers succès qu'il y avait obtenus. Il en avait
surtout au *Caveau*, qui conservait un reste de
renommée, grace à Chamfort et à plusieurs gens
spirituels, aimables, mais qui étaient moins fran-

chement gais et moins brillans que leurs devanciers
Collé, Favart et Piron. Le jeune Languedocien s'y
fit bientôt écouter; bientôt aussi son penchant pour
la raillerie lui attira un certain nombre d'ennemis
et beaucoup de partisans, car l'esprit humain est
ainsi fait. Ce fut alors que des opuscules, qui n'an-
nonçaient pas moins de malice que de verve, com-
mencèrent à marquer sa place dans les rangs de la
littérature. Il fut admis par Panckoucke au nombre
des collaborateurs du *Mercure*; mais des démêlés
avec Garat, qu'il voulut rendre publics, le forcèrent
promptement de renoncer à ce travail. Aspirant à
prouver qu'il pouvait réussir aussi en poésie, il fit
imprimer une *Épître au roi de Prusse*.

En 1782 il donna, d'abord sous le titre de *Lettres
du président de *** à M. le comte de ****; une critique très-sévère des *Jardins* de Delille, publiés
à cette époque, et plus tard *le Chou et le Navet*,
satire spirituelle et très-piquante, qui était dirigée
à la fois contre le célèbre poëme descriptif que je
viens de nommer, et contre son auteur. Cerutti
disait de cette production : « C'est un fumier jeté sur
« *les Jardins* de M. Delille pour les faire mieux fruc-
« tifier. » Du reste, on peut convenir avec La Harpe
que ce qui manque à la fiction dans la pièce de
vers dont il s'agit, est compensé par le style, qui
est souvent ingénieux et élégant; que les vers sont

généralement bien tournés, et qu'il y en a même d'un naturel très-heureux (1).

Ce fut en 1785 que Rivarol publia, sans y mettre son nom, sa traduction de *l'Enfer* du Dante, qui fit de l'effet dans le monde littéraire. On y trouve de l'harmonie, de l'élégance, de l'éclat même de style, et souvent les difficultés y sont habilement vaincues; mais il reste beaucoup à désirer sous le rapport de la fidélité. Le traducteur, résolu de lutter contre l'originalité bizarre du poète florentin, avait voulu seulement, disait-il, que sa physionomie et l'odeur de son siècle transpirassent à chaque page. Assurément, cette prétention était de nature à dé-jouer les gens les plus disposés à l'admiration. Pour concevoir un tel projet, il fallait que Rivarol ne connût pas bien la mesure et le caractère de son propre talent. On aurait de la peine à découvrir une analogie quelconque entre le génie âpre, pa-thétique, profond, du grand Alighieri, et la mobilité, la légèreté, la causticité de l'écrivain français : aussi Rivarol lui a-t-il prêté souvent son propre esprit, son style et sa poésie. Dans l'épisode de Françoise de Rimini, cinquième chant de *l'Enfer*, où le tra-ducteur s'est en quelque sorte surpassé lui-même,

(1) L'auteur du *Cours de littérature* passe ensuite à la critique de détail. (Voyez sa *Correspondance littéraire*, au tom. IV, pag. 2 et sui-vantes.

(a dit un de ses rivaux, M. Artaud, tout en remarquant qu'il manque peut-être au récit un peu plus de simplicité), tout le monde connaît le vers :

Quel giorno più non vi leggemmo avanti

Ce jour-là nous ne lûmes pas davantage.

Eh bien ! n'est-on pas autorisé à croire que ce trait, chef-d'œuvre de naïveté, de délicatesse et de sentiment, avait échappé à l'intelligence d'un homme qui en avait pourtant une si forte dose, puisqu'il a dénaturé l'original en lui donnant une manière apprêtée, et par conséquent ridicule à force de recherche? Voici sa traduction :

« *Et nous laissâmes échapper ce livre par qui* « *nous fut révélé le mystère d'amour.* »

S'il est vrai que Buffon, après avoir lu cette traduction du Dante, soit tombé d'accord avec son auteur que c'était, comme celui-ci n'avait pas craint de l'annoncer, *une suite de créations,* ne pourrait-on pas voir dans la concession faite par l'historien de la nature une approbation équivoque? Pour une entreprise telle que celle de Rivarol, il fallait avoir habité l'Italie, ou tout au moins l'avoir vue, connaître l'histoire, les traditions, les coutumes, les idiotismes même, enfin les détails de localité. Faute d'être versé dans l'ancienne littérature italienne, il a souvent mal compris et mal exprimé la pensée du poète italien. Cela n'empêche pas qu'il n'ait quelquefois deviné le Dante, et qu'il n'ait revêtu fréquemment d'un style vigoureux et brillant les inspirations énergiques de l'illustre Florentin. Il a d'ailleurs enrichi sa version de notes fort spirituelles.

Je crois devoir consigner ici un fait certain, c'est que ce traducteur de *l'Enfer* a laissé en mourant un exemplaire de son livre, publié en 1785, dont il avait, en dernier lieu, chargé les marges de notes et d'heureuses corrections, toutes écrites de sa main. Nous ne sommes plus dans le cas de regretter autant la nouvelle édition qu'il aurait sans doute donnée en France. La traduction si fidèle et si élégante tout à la fois de M. le chevalier Artaud ne laisse plus rien à désirer.

Le Discours sur l'universalité de la langue française fut couronné avec enthousiasme, dans la même année 1785, par l'Académie de Berlin. Un sentiment d'orgueil national décida la vogue qu'eut, parmi nous surtout, cet écrit, et il établit véritablement la réputation de son auteur. Rivarol, sans se livrer à des comparaisons qui auraient exigé plus d'érudition et de patience qu'il n'en avait, y explique assez bien les causes qui rendent notre langue d'un usage si général; mais il a éludé adroitement la seconde partie de la question, qui n'en serait plus une aujourd'hui : « *Est-il à présumer que la langue « française conserve son universalité?* » Ce qui distingue essentiellement cette production, ce qui en fait un morceau à part dans son genre, c'est qu'au lieu de se borner à traiter son sujet en grammairien littérateur, le lauréat l'a traité en politique et en métaphysicien tout à la fois. Son style a cette rapidité, ce brillant qui semblait être toujours à sa disposition, mais paraît gâté par la surabondance des figures quelquefois étranges, et par des métaphores incohérentes. Au surplus, son premier travail avait, dans les dernières années de sa vie, subi, comme ses autres compositions, des changemens assez considérables.

En 1787 il fit imprimer, sous le nom de *Grimod de la Reynière*, une parodie du *Songe d'Athalie*, nouvelle attaque contre une femme auteur justement célèbre de nos jours, madame de Genlis.

Ce fut en 1788 que furent publiées deux *Lettres* de Rivarol à Necker, l'une sur le livre *de l'Importance des opinions religieuses*, et l'autre sur *la Morale*. Dans la première, le système d'Épicure est très-bien jugé. L'objet de la seconde est de prouver qu'il peut exister une morale indépendante de toute espèce de culte et de religion. Et pourtant (aurions-nous pu, à notre tour, lui demander) où la morale trouverait-elle un meilleur point d'appui? et le témoignage universel de tous les siècles et de tous les pays n'atteste-t-il pas qu'il n'y eut jamais de société civile sans une religion quelconque?

Dans une note de cette même *Lettre*, Rivarol a osé déclarer, sous le nom d'un déiste philosophe, que l'Évangile n'a rien appris aux hommes, et que sa morale n'est pas plus parfaite que celle de Zénon ou de Cicéron. Il sentit plus tard le danger d'émettre de tels principes, qu'on voudrait bien pouvoir prendre seulement pour des jeux de son esprit, et pour l'envie de faire du bruit en combattant un écrivain célèbre. Il sera juste de reconnaître qu'il revint à des idées plus saines sur la nécessité d'une religion dans l'État. Arrêtons-nous avec satisfaction à un passage du *Discours préliminaire du Dictionnaire de la langue française*, où, abjurant son ancienne erreur, il énumère les bienfaits et la puissance de la religion, et s'écrie : « Mais la philosophie « n'a pas de tels pouvoirs; elle manque à la fois de « magnificence avec le pauvre, et de tendresse en- « vers l'infortune. Chez elle, les misères de la vie « sont des maux sans remède, la mort est le néant; « mais la religion échange ces misères contre les féli- « cités sans fin, et pour elle le soir de la vie touche « à l'aurore d'un jour éternel. »

A ce morceau il faut joindre la réponse verbale que fit un jour Rivarol à Voltaire, qui lui disait : « Que pensez-vous, jeune homme, de tous mes « efforts pour abattre le *Nazaréen?* — J'avais tou- « jours cru, Monsieur, que c'était pour fonder et « maintenir les religions qu'il fallait du génie et du « courage; mais pour les attaquer et tenter de les « renverser, tout le monde peut s'en mêler. »

Ce fut en 1788 qu'il livra au public (de moitié avec Champcenetz, dit-on), le *Petit dictionnaire des grands hommes*, grossi ensuite d'édition en édition. Ce persiflage amusa d'abord beaucoup, et passa de main en main, parce qu'il révélait au public les noms de tant et tant d'hommes qui, depuis bien des années, et malgré leurs nombreux ou- vrages, échappaient à la renommée; mais les lec- teurs ne tardèrent pas à être fatigués par le retour perpétuel des mêmes formes et des mêmes tournures de plaisanterie. Les meilleurs traits assurément sont ceux que Rivarol avait lancés contre Condorcet, *écrivant avec de l'opium sur des feuilles de plomb*, et contre l'auteur du Tableau de Paris, *cet ou- vrage pensé dans les rues et écrit sur la borne.* Il a dit ailleurs des Œuvres de François de Neufchâ- teau : *C'est de la prose où les vers se sont mis.*

Jusqu'à la moitié de 1789 il avait, comme l'a très- bien exprimé l'auteur de l'article *Rivarol* dans la Biographie universelle, « dépensé sa vie et son talent « en saillies....., ét donné l'idée de ces génies heu- « reux et incomplets tout ensemble, qui n'ont fait « que montrer leurs forces. » Mais les premiers évé- mens de la révolution l'amenèrent à croire et à prouver qu'il pouvait figurer honorablement parmi les écrivains politiques. En effet, il se plaça avec avantage dans les rangs des antagonistes déclarés que devait avoir, et qu'eut dès sa naissance cette grande commotion, devenue bientôt européenne. On peut dire que le *Journal politique et national* où il combattait les révolutionnaires, et peignait nommément en traits de feu les exécrables journées des 5 et 6 octobre 1789, semblait promettre en lui un vrai publiciste.

Les numéros de ce journal, qu'il faisait paraître tantôt sous le nom de *Sabatier de Castres*, et tantôt sous celui de *Salomon de Cambray*, offrent une suite de discussions où, ainsi que l'a dit Flins des Oliviers dans une courte notice fort bien faite sur Rivarol, « l'auteur allie un raisonnement vigoureux « aux prévoyances d'une raison peu commune. » On sent dans plusieurs pages cette haine d'indignation qui conduisait souvent la plume de Tacite; mais là, comme dans toutes les productions du même auteur, on peut reprocher le luxe d'esprit, auquel une ri-

chesse employée à propos sera toujours jugée pré-
férable.

Ce fut à l'occasion des feuilles du même *Journal
politique et national*, réunies bientôt en un volume,
que notre auteur recueillit en personne, outre le
suffrage très-remarquable de Burke, un mot extrê-
mement flatteur de Pitt, auquel il s'était fait présenter. « Je devrais, lui dit cet illustre ministre,
« vous voir avec chagrin, car vous êtes la cause du
« seul vol que j'aie été dans le cas de me reprocher
« depuis que j'existe. J'avais emprunté votre livre,
« et je n'ai plus voulu le rendre. Je le pourrais ce-
« pendant sans scrupule ni regret, car je le sais par
« cœur. »

Dans les prétendues *OEuvres complètes* de Rivarol, que l'on a imprimées en cinq volumes, en 1808,
avec l'autorisation de sa veuve (1), qui a voulu ap-
paremment laisser passer jusqu'à des épigrammes
contre lui, les numéros épars de ce journal ont été
compilés sans date, sans ordre et sans choix. A leur

(1) On lit en tête du cinquième volume un avertissement de madame
de Rivarol, où elle dit qu'une autre notice, celle de MM. de Chenedollé et Fayolle, éditeurs, qui lui paraît injurieuse pour la mémoire
de son mari, avait été rédigée pour figurer au commencement du
recueil des *OEuvres*, mais qu'à sa requête cette notice fut supprimée.
Elle ne put l'être pourtant à la tête de tous les exemplaires sans excep-
tion. On la retrouve dans le livre portant le titre d'*Esprit de Rivarol*,
1808, in-12.

tour, les éditeurs de la collection des *Mémoires relatifs à la révolution française*, ont donné, en 1824, la compilation dont nous parlons, comme les *Mémoires de Rivarol*, en un volume in-8°. Il n'y a là aucune méthode; mais il n'en est pas moins vrai que les historiens qui voudront s'exercer sur les premières années de notre révolution y trouveront des portraits bien tracés, des traits énergiques et des notes pleines de sel contre les personnes et les faits de l'époque où notre auteur avait dépeint un bouleversement politique si important dans ses conséquences.

Il prit part aussi à la rédaction du recueil très-piquant que l'on vit paraître, en 1790 et 1791, sous le titre d'*Actes des apôtres*. On a rapporté que quelqu'un l'accusant (à cette occasion peut-être) d'être salarié par la cour, il avait répondu en retournant un mot de Mirabeau (qui disait : « Je suis payé, « mais non vendu.») — Quant à moi, si je suis vendu « je ne suis pas payé. »

Il est certain que Rivarol n'eut jamais un seul moment de distraction dans sa haine pour la révolution française, et qu'en 1791 il conférait souvent avec M. de La Porte, intendant de la liste civile, sur les moyens à employer pour faire recouvrer à Louis XVI sa liberté et l'autorité sans laquelle ce monarque ne pouvait se faire respecter. Une lettre du fidèle serviteur et confident du roi martyr, qui fut retrouvée dans l'armoire de fer des Tuileries, valut à l'écrivain courageusement royaliste qui est l'objet de cette notice, d'être compris dans un décret de la Convention nationale, du mois de décembre 1792, qui mettait en état d'arrestation plusieurs personnes, et entre autres M. de Talleyrand Périgord, ci-devant évêque d'Autun.

Parmi les ouvrages ou écrits de Rivarol imprimés par lui-même, on aime à s'arrêter de préférence au dernier, celui dont il tirait le plus de vanité, et qui, dans les parties de l'Allemagne surtout où domine davantage le goût de la métaphysique, avait excité momentanément une sorte d'exaltation de sentimens et de louanges. Je veux parler de la seule partie de son *Discours préliminaire* qui ait vu le jour, de cette introduction à un nouveau Dictionnaire de la langue française, long-temps promis, et qu'il n'a jamais fait que commencer. Il destinait, disait-il, ce grand, cet important travail à remplir les vides que nous laisse l'insuffisance de tout ce que nous possédons en ce genre. C'est là, c'est dans la portion du *Discours* dont il s'agit, qu'il a fait ressortir les imperfections du Dictionnaire de l'Académie française, de 1762, et indiqué quelques-unes des corrections les plus nécessaires. Remplacer complètement ce Dictionnaire, si utile encore tel qu'il est resté, eût été un

grand projet pour un écrivain laborieux : c'en était
un immense pour celui qui n'était pas seulement
très-éloigné d'aimer l'application, l'étude, ou un
effort d'esprit quelconque, mais qui avait, on
peut le dire, l'horreur du travail en général. Or, la
refonte dont il s'agit ici était, à l'entendre, l'objet
de sa prédilection, et il semblait y rapporter toutes
ses pensées, toutes ses recherches ; enfin il y donnait
tout ce que, avec son caractère connu, il pouvait
mettre de suite à l'exécution d'un plan vaste et com-
pliqué. Il existe un exemplaire du Dictionnaire de
l'Académie française, avec des notes marginales de
sa main, qui complétaient, pour les deux premières
lettres de l'alphabet, les changemens, améliorations,
additions, etc., qu'il comptait faire aux définitions
des académiciens. Les autres lettres offraient beaucoup de notes éparses, mais qui sont bien loin de
former un corps d'ouvrage. Cet exemplaire se trouvait, à une époque déjà ancienne, entre les mains
de M. Lubert, ancien négociant à Hambourg, et
créancier de Rivarol. Il en demandait un prix considérable. Il paraît que des offres avaient été faites
par MM. Baudouin ; mais rien n'indique qu'ils aient
fait usage du manuscrit.

On a voulu nous faire croire, en 1828, que nous
retrouverions Rivarol et le fruit de ses observations
dans un livre qui est imprimé sous ce titre : *Diction-*

naire classique de la langue française, avec des exemples tirés des meilleurs auteurs français, et des *notes puisées dans les manuscrits de Rivarol*, publié et mis en ordre par quatre professeurs de l'Université; Paris, Baudouin, in-8°; et 2° édition de 1829. Or, il est constant qu'ici Rivarol et les quatre professeurs représentent un seul individu, M. V....., véritable auteur du Dictionnaire dont il s'agit.

L'entreprise du Discours préliminaire, tel qu'il avait été conçu, était déjà elle-même un ouvrage important. Il devait comprendre 1° un tableau métaphysique et moral de l'homme considéré dans ses facultés intellectuelles, dans ses idées premières et fondamentales, et dans ses passions; 2° le tableau de l'esprit humain dans la formation du langage; 3° enfin un tableau grammatical de la langue française, et le développement du plan du Dictionnaire.

De si magnifiques promesses, faites pour l'*introduction* seulement, se sont bornées, comme nous l'avons dit, à la publication de sa première partie, qui forme à elle seule un volume, assez mince à la vérité, mais supérieur en mérite à beaucoup de livres plus volumineux. En voulant traiter de la *nature du langage en général*, Rivarol touche à presque toutes les questions qu'embrasse l'analyse de l'entendement. Il est fâcheux que souvent il les confonde à force de les mêler. Il n'est pas toujours aussi profond ni aussi clair qu'il veut l'être, mais on trouve chez lui des idées, des aperçus fins, des rapprochemens, qui peuvent faire éclore des découvertes. On applaudit à des systèmes plus ou moins ingénieux sur l'homme ou sur les animaux, sur le temps, l'esprit, le talent, le sentiment; enfin à un long morceau plein de chaleur sur le règne de la terreur en France, et sur les égaremens de ces faux sages qui, de longue main, avaient préparé les malheurs et les crimes de notre terrible révolution, « sortie tout à coup des livres des philosophes comme « une doctrine armée. » C'est là encore qu'il a dit : « La philosophie moderne n'est autre chose que les « passions armées de principes..... Les anciens philo- « sophes cherchaient le souverain bien : les nouveaux « n'ont cherché que le souverain pouvoir. »

Il y a dans le commencement d'ouvrage dont je viens de citer des fragmens, beaucoup de pièces de rapport, de hors-d'œuvre même. Le défaut d'ordre et de liaison y est d'autant plus sensible, que l'un et l'autre étaient plus impérieusement commandés par la nature même des matières traitées. Rivarol, entraîné par la rapidité de son imagination, ne peut que la suivre, et n'est plus maître de la régler. Il voit trop à la fois pour rien voir à fond, et on a dit avec raison qu'il ne fait que multiplier sa pensée

lorsqu'il croit l'analyser. Quoi qu'il en soit, on re-
grette qu'il n'ait pas ajouté une deuxième et une
troisième partie à celle qui a paru, de l'Introduction
au Dictionnaire de la langue française.

Un de nos journalistes a articulé sentencieuse-
ment, à propos du style de cette production remarquable : « Rivarol commence souvent sa phrase
« comme Bossuet, et il la finit comme Scarron. »
S'exprimer ainsi, c'est dépasser le but. Il vaut mieux
reconnaître avec Chénier que (1) « si l'on trouve
« souvent ici de la recherche dans le style de Ri-
« varol, on y trouve aussi le mouvement, la cou-
« leur et le ton d'une conversation animée. » Du
reste, on ne peut nier que les disparates ne sautent
aux yeux dans les pages qui ont été les plus prô-
nées, et l'ont été parfois avec justice, par les enthousiastes de notre écrivain. Son goût pour les
épigrammes et pour les jeux de mots, pour les
concetti, perçait jusque dans son langage le plus
sérieux.

En 1797 on publia à Paris, sous le titre *De la
Philosophie moderne*, un extrait du Discours préliminaire, c'est-à-dire de ce qui en avait paru à Hambourg. C'était précisément le tableau si bien tracé
du règne de la terreur dont j'ai parlé. Le Directoire

(1) Voyez son *Tableau historique de la littérature française.*

fut tellement effrayé de la sensation produite en France par cette petite brochure, qu'il la fit saisir.

J'ai déjà mis mes lecteurs à même de juger que le grammairien métaphysicien, le politique de profession dont je me suis attaché à donner une juste idée dans cet essai, se mêlait de poésie; mais il réussissait mieux en prose qu'en vers (1). Entre autres productions poétiques il a traduit quelques morceaux de Virgile, et de préférence à tous un endroit fameux du IVe livre : la description du silence et du repos de la nuit, mis en contraste avec l'agitation de Didon.

J'indiquerai encore quelques vers extraits d'une *Épitre* qui peuvent passer pour un tribut payé publiquement à l'amour. Au surplus, ils semblent avoir été inspirés surtout par l'esprit. Cet avantage, si éminent chez Rivarol, des dons de l'esprit, joints à une belle figure, lui avait fait obtenir dans sa jeunesse beaucoup de succès auprès des femmes. « Un « jour, disait-il, je m'avisai de médire de l'amour;

______

(1) Voici ce qu'il avait imprimé dans son Discours sur l'universalité de la langue française : « *On ne dit rien en vers qu'on ne puisse aussi* « *bien exprimer dans notre prose, ce qui n'est pas toujours réciproque.* » Cette étrange assertion méritait au moins d'être appuyée de quelques exemples, afin de pouvoir, en cas de besoin, les opposer aux preuves du contraire qui se présentent en foule, et dont La Motte était lui-même resté accablé dans le temps.

« le lendemain il m'envoya l'hymen pour se venger.
« Depuis ce temps, je n'ai vécu que de regrets. » Il
disait encore : « Je ne suis ni Jupiter ni Socrate, mais
« j'ai trouvé dans ma maison Xantippe et Junon (1). »

A l'époque où je l'ai connu, il ne paraissait plus
être très-passionné pour la portion du genre humain que Milton a osé appeler *fair defect of nature*
(belle imperfection de la nature). Il répétait, dans
son langage si habituellement original, et dont je
ne rapporte pas ici les termes textuels : « Je garde
« pour penser ce que vous autres jeunes gens dé-
« pensez trop libéralement. »

Au reste, on avait pardonné à Dufresny et à
Boissy d'avoir épousé leur blanchisseuse, à Diderot d'a-
voir pris pour femme sa gouvernante ; enfin on savait
que Le Brun avait contracté mariage avec sa cuisi-
nière, appelée malignement par quelqu'un son *Pé-
gase* ; le premier de nos comiques avait illustré sa servante *La Forêt*, et J.-J. Rousseau sa *Thérèse*. Rivarol,
soit qu'il voulût ou non s'autoriser de ces exemples,
montrait à ses amis, peut-être même à ses ennemis,

______

(1) Il avait épousé la fille de Master Flint, maître de langue anglaise,
qui est morte en 1821. Dans une lettre sur lui qu'elle avait adressée à
Léopold Colin, libraire, et qui est en tête du cinquième volume des
OEuvres complètes, elle en parle favorablement, quoiqu'ils vécussent
séparés depuis long-temps ; mais elle dit sur elle-même les choses les
plus ridicules.

une certaine *Manette*, espèce de *bonne* qui occupait chez lui une place jusque dans le salon ; mais elle finit par quitter son maître deux ou trois ans avant qu'il mourût, et s'en revint de Hambourg en France.

C'est pour *Manette* qu'il avait fait l'épître dont j'ai parlé plus haut, épître qu'à tort ou à raison on a citée souvent, de préférence à la plupart des morceaux de poésie que l'on connaît de lui, et dont aucun ne vaut assurément la satire intitulée *le Chou et le Navet*, dont j'ai déjà fait mention.

Voici la fin de cette *Épître à une jeune ignorante*, que je suis loin de signaler comme un modèle du genre, mais qui rappelle la jolie *Épître à Fanchon* du comte de Tressan :

> « Si jamais quelqu'un vous instruit,
> « Tout mon bonheur sera détruit,
> « Sans que vous y gagniez grand'chose.
> « Ayez toujours pour moi du goût comme un bon fruit,
> « Et de l'esprit comme une rose. »

Il y a ici, convenons-en, plus d'afféterie que de grace ou de finesse.

Il faut savoir qu'il y avait beaucoup à dire sur la fraîcheur de Manette, et très-peu sur son esprit. Un jour qu'elle était malade, et qu'elle témoignait à Rivarol une assez vive inquiétude sur ce qu'elle

deviendrait dans l'autre monde : « Laisse faire, lui
« dit-il, je te donnerai une lettre de recommanda-
« tion pour la servante de Molière. »

Voici maintenant un fragment tiré d'une lettre,
ou plutôt d'une diatribe en prose et en vers contre
les Hambourgeois, qui fut adressée par lui, en 1796,
à une jolie Française (madame Cromot de Fougy).
Ces vers sont faciles et coulans plutôt que poétiques,
mais ils ne manquent pas d'originalité.

N'allez pas imiter les modes meurtrières
Des épais descendans des Teutons et des Goths,
Qui des deux Océans gardent mal les barrières ;
    Gens qui feraient fort à propos
      S'ils nous empruntaient nos manières,
      Et s'ils nous prêtaient leurs lingots ;
      Mais dont les humides cerveaux,
Nés pour les fluxions et non pour les bons mots,
      Ont la pesanteur des métaux
      Qu'ont entassés leurs mains grossières.
    . . . .

Quand la Mort, confondant leurs âmes financières,
Les fait enfin passer de leurs poudreux burçaux
      Dans ses étroits et noirs caveaux,
On les voit cheminer devers leurs cimetières
      En uniformes de corbeaux,
Et descendre à pas lents dans ces tristes carrières
      A la lueur de cent flambeaux ;
      Escortés de porte-manteaux

Dont ils ont acheté les pleurs et les prières,
Et les crêpes pendans, et les vastes chapeaux.
   Malheureux qui sont assez sots
   Pour ne décorer que leurs bières,
   Et qui sont mieux dans leurs tombeaux
   Qu'ils n'ont été dans leurs tanières.

Ce dernier vers fait allusion aux caves dans lesquelles naissent, vivent et meurent les gens du peuple à Hambourg ; mais ceux des Hambourgeois qui *décorent leurs bières*, ainsi que je l'ai expliqué plus haut, n'habitent pas des *tanières ;* ils ont, pour la plupart, de grandes et assez belles maisons.

Si quelques Allemands s'étaient permis cette simple observation critique devant Rivarol, il était homme à renouveler la scène qu'il fit dans un grand dîner, où, piqué de n'avoir été invité que comme on appelle chez soi la lanterne magique, il mangea de tous les plats, et garda le plus profond silence. A la fin, fatigué de se voir assailli de questions et même d'éloges, où il ne trouvait que de la maladresse, il hasarda une balourdise des plus fortes. Chacun ayant aussitôt témoigné son étonnement : « Eh bien, Messieurs, reprit-il, je n'ai encore dit qu'une bêtise, et vous criez tous au *voleur*. » Ce n'était pas, à coup sûr, chez la princesse de Vaudemont que se passait cette scène, comme on l'a

bêtement imprimé dans le recueil des *Pensées, traits
et bons mots de Rivarol.*

Il s'amusait à répéter que, dans la nation sur laquelle il tirait ainsi à bout portant, on se cotise
pour comprendre un bon mot. Cependant, un autre
jour, il reçut une leçon qui prouvait avec quelle
promptitude son intention maligne avait été saisie.
C'était encore à une table hambourgeoise qu'il
était assis, et, en refusant du vin du Rhin, il allé-
guait que ce vin était *lourd et plat comme les Allemands :* « Monsieur, ce que vous dites là ne res-
« semble-t-il pas au vin du Rhin ? » reprit un
convive, enfant de la Germanie, mais qui entendait
et parlait très-bien le français.

Rien de plus curieux que de le voir, pendant
l'été de 1799, aux prises avec l'abbé Delille qu'il
n'avait pas rencontré depuis seize à dix-sept ans. L'auteur du *Chou et le Navet,* jadis dans cette bluette,
avait fait allusion 1° à la naissance illégitime du
poète devenu si célèbre, 2° à la sobriété obligée de
son régime quand il était élève du collège de Sainte-
Barbe ; ensuite, il lui avait reproché sévèrement
d'avoir laissé de côté l'estimable potager dans le
poëme des *Jardins,* qui n'était, au fait, que *l'art
d'embellir les paysages.*

Rivarol espérait, à force d'esprit et de cajolerie,
se faire pardonner son ancienne attaque. C'était

précisément le moment où Delille préparait, comme justification de l'omission importante qu'on lui imputait, un morceau charmant sur le potager, qu'il comptait insérer dans une nouvelle édition des *Jardins.* Au surplus, dans cette rencontre à Hambourg, le Virgile français mit de la grace et de la gaieté à citer lui-même, devant Rivarol, plusieurs des vers de la satire. Il répétait celui-ci surtout avec l'expression du plaisir :

« Le ciel fit les navets d'un naturel plus doux. »

Et cet autre encore qui s'appliquait à lui directement :

« Sa gloire passera, les navets resteront. »

Soit qu'en réalité Rivarol persistât ou non dans l'opinion qu'il avait émise en 1782, que la gloire du traducteur des *Géorgiques* passerait, cette gloire incontestable excitait encore sa jalousie au bout de tant d'années. Mais, voulant paraître juste, du moins en public, il mêlait sa voix à toutes celles qui louaient hautement les beaux vers, anciens ou nouveaux, que l'abbé Delille récitait toujours sans se faire prier, et dont, ainsi que dans sa jeunesse, il doublait le charme par son débit.

Il y a long-temps qu'on a dit que chacun ici bas ambitionne les qualités qu'il n'a pas, dédaigne le rôle auquel il est destiné, et veut jouer celui auquel il n'est pas propre. Parmi les auteurs surtout, que de gens d'un esprit supérieur ont tenu bien plus au talent qu'ils n'avaient pas qu'à ceux que tout le monde était disposé à reconnaître en eux ! Rivarol, à qui l'on accordait plusieurs genres de mérite, comme écrivain en prose, et qui avait fait des vers avec quelque succès, mais à qui tout le monde contestait les qualités essentielles du poète, eût mieux aimé n'avoir en face de lui, à Hambourg, qu'un rival ordinaire, et non pas son maître en poésie. N'ai-je pas été témoin que Delille se donnait aussi pour un grand politique, quand on ne cherchait en lui que le Virgile français. Du reste, celui-ci ne refusait, ni en face, ni en arrière, les éloges vraiment dus au prosateur toujours brillant, au parleur toujours spirituel, dont les circonstances l'avaient rapproché.

J'arrivai chez madame la comtesse de Verthamy, Française aimable et spirituelle, à la suite d'un dîner où ces deux personnages s'étaient tour à tour encensés et légèrement piqués. Le chantre des *Jardins*, ayant à cœur de relever une assez vive atteinte qui venait de lui être portée, riposta, en riant, par ce vers de la *Rome sauvée* de Voltaire :

« Je t'aime, je l'avoue, et je ne te crains pas. »

« Pour moi, dit à demi-voix un Hollandais, homme à repartie prompte (et non un Allemand, comme on l'a souvent répété), je retournerais volontiers le vers (1). » On m'a assuré que Rivarol avait entendu l'épigramme, et n'avait fait qu'en sourire.

Au nombre des écrits qu'il a laissés imparfaits, on cite celui qui est intitulé : *De la Nature du Corps politique*, où il pulvérisait le paradoxe funeste de la souveraineté du peuple. Quinze chapitres ont été entièrement terminés. On les dit remplis d'observations tantôt fines et tantôt profondes, que l'auteur avait su revêtir encore de cette expression pittoresque qui était son cachet particulier. Au début, se trouvent les portraits des quatre principaux écrivains politiques, Machiavel, Locke, Montesquieu et Rousseau.

J'ai rappelé plus haut qu'on avait publié en 1808, sous le titre d'*OEuvres complètes de Rivarol* (5 vol. in 8°, Paris, chez Léopold Colin), la plus grande partie de ce qu'il avait successivement donné lui-même à l'impression. Il y manquait les corrections

(1) Je te crains, je l'avoue, et je ne t'aime pas.

faites dans les dernières années de sa vie. Plusieurs de ses amis ont dit avant moi que cette édition remplit mal la qualification qu'on lui a donnée, et qu'elle est au contraire très-incomplète. On y chercherait inutilement, entre autres morceaux, la lettre adressée au *duc de Brunswick, en* 1792, dans le moment où l'armée prussienne entra sur le territoire français, et une autre lettre à la *Noblesse émigrée.* En revanche, les Aristarques de profession ont déclaré qu'il y aurait bien à retrancher dans ces cinq volumes imprimés en 1808.

L'Esprit de Rivarol (en un volume in-12) a paru la même année que les œuvres complètes. Sulpice de la Platière avait publié en 1802 la *Vie philoso-phique, politique et littéraire de Rivarol*, 2 vol. in-8°. Ce n'était qu'une ridicule compilation, et un panégyrique du plus mauvais goût.

Voulant indiquer tous ceux qui nous ont donné des notices remarquables sur le même auteur, j'ai parlé aussi d'une *Vie* que Cubières Palmezeaux fit imprimer en 1803, à la suite des *Éloges de Fon-tenelle, Colardeau et Dorat*, un volume in-8°. Il ne dissimule ni les qualités, ni les défauts de Ri-varol, et, quoiqu'il soit un des personnages les plus maltraités dans le *Petit Almanach de nos grands hommes*, il loue beaucoup plus cet écrivain qu'il ne le blâme; il lui donne même le titre d'ami.

On pourrait citer de Rivarol comme plus répré-
hensibles et risibles même les uns que les autres,
quatre ou cinq jugemens sur de grands écrivains,
parce que, pour les peindre, il a, plus que jamais,
abusé du style figuré. Conçoit-on qu'il ait pu ne pas
rejeter loin de lui des phrases telles que celles-ci :
« Virgile fait de la poésie au soleil, mais Voltaire
« fait de la poésie à la bougie. — Virgile a pour
« lui l'attirail de la nature, le soleil, la lune, le
« ciel, les campagnes ; et Voltaire a pour lui l'atti-
« rail de la société, les trumeaux, les glaces, le sa-
« lon, les boudoirs, le sopha, etc., etc. »

« Voltaire a employé la mine de plomb pour
« l'épopée, le crayon pour l'histoire, et le pinceau
« pour la poésie fugitive. »

« Montesquieu prend quelquefois les éblouisse-
« mens pour la lumière ; Rousseau a des cris et des
« gestes dans son style. »

On lit encore dans un ouvrage de Rivarol : « La
« mémoire se contente de tapisser en drapeaux,
« mais l'imagination s'entoure des tentures des Go-
« belins. »

Dans un autre passage que je vais citer, on est
fâché d'apercevoir, à côté de ce qui serait le plus à
louer, cette prétention à la science, et cette recherche qui, de même que les *concetti*, empêchent
quelquefois l'auteur d'être tout-à-fait éloquent ; et

de plus cette incohérence d'images qui, dans le
style, comme dans les arts du dessin, ne tarde pas
à exciter le dégoût :

« En voyant l'univers et ses lois, on reconnaît
« l'éternel géomètre : on le reconnaît encore en
« disséquant l'homme et les animaux ; mais en les
« voyant penser, agir, aimer, on se demande com-
« ment l'artisan suprême a pu toucher un édifice
« aussi régulier avec le rayon de la pensée et la
« flamme des passions ; comment il a pu faire que
« l'hydraulique versât des larmes, que le mécanisme
« palpitât d'amour, qu'un automate séchât de
« crainte ou tressaillît d'espérance ; comment enfin,
« un amas de matière inerte et périssable a pu de-
« venir siège de vie et berceau d'immortalité. » La
fin de cette phrase rachète le membre précédent.

Pour me faire pardonner par les admirateurs
passionnés de cet écrivain (car il en est quelques-
uns) les citations que je viens de choisir avec un
esprit de critique, qu'au surplus je ne désavouerai
pas, je me hâte d'extraire d'autres passages de Rivarol, distingués tous par l'élévation des pensées,
la noblesse et l'élégance d'expressions :

« La nature, souveraine et mère à la fois, unit
« sans cesse la liberté à la nécessité, les charmes
« aux désirs et l'empire à l'amour. »

« Le temps est pour l'homme une idée mixte de

« son *moi* qui est fixe, et de ses idées qui se succè-
« dent et se partagent devant lui, en idées qu'il a
« et en idées qu'il a eues. C'est donc une mesure in-
« tellectuelle, mesure immuable et mobile à la fois,
« immuable par sa nature, comme le *moi* qui l'a
« conçue, mobile par illusion, à cause des idées,
« des mouvemens et des événemens qui passent de-
« vant elle : application constante de la même
« idée aux idées qui se succèdent et aux corps qui
« se meuvent. Le temps est, en un mot, la mesure
« abstraite des successions de tout genre, et ses di-
« visions sont les espaces de l'esprit.

« On conçoit que le temps, chargé d'événemens
« et privé du secours des nombres, ait écrasé l'es-
« prit des peuples naissans. Leur mémoire était
« hors de mesure, et leur entendement fatigué de
« l'idée, à la fois abstraite et sensible, d'un mouve-
« ment général à qui rien ne résiste, s'en délivra
« en le renvoyant à l'imagination qui le personnifia
« d'abord. De là sont venus ces emblèmes de l'an-
« tique Saturne qui dévorait ses enfans, du vieil-
« lard armé d'une faux, qui moissonne les généra-
« tions ; d'un fleuve éternel qui entraîne tout dans
« son cours. Mais, à parler métaphoriquement, le
« temps n'est point un vieillard, ce n'est point un
« fleuve. Tous ces emblèmes ne conviennent qu'au
« grand mouvement par qui tout est éternellement

« détruit et reproduit dans l'univers. Le temps se-
« rait plutôt l'urne qui livre passage aux eaux du
« fleuve, et reste immobile. Rivage de l'esprit,
« tout passe devant lui, et nous croyons que c'est lui
« qui passe, etc., etc. »

« Rousseau, ébranlant par sa doctrine les insti-
« tutions sociales et les vieux fondemens des empi-
« res, ressemblait à ces conquérans qui jettent de
« l'éclat sur des ruines, et jouissent de l'impunité
« attachée à la gloire. »

« Le génie, en politique, consiste, non à créer,
« mais à conserver; non à changer, mais à fixer.....
« Ce n'est pas la meilleure loi, mais la plus fixe,
« qui est bonne. »

« Ainsi (*dans la nuit du 4 août* 1789) fut abro-
« gée la dîme, ce tribut patriarcal, le plus antique
« et le plus sacré qui fût parmi les hommes. Ainsi
« fut brisé le lien qui attachait les espérances de la
« terre aux bontés du ciel; l'intérêt du pontife à la
« prospérité du laboureur; et les prières et les can-
« tiques de tous les âges, aux fleurs et aux fruits de
« toutes les saisons. » (Extrait du *Journal politique
et national.*)

Voici maintenant un trait qui décèle le philosophe et le publiciste, et qui, sous ce double rapport, justifierait quelques-unes des prétentions les
plus fortes de Rivarol. Dans une *Vie politique de*

M. de La Fayette, imprimée à Bruxelles en 1792, qui est écrite avec verve et surtout avec une ironie amère, l'auteur retrace rapidement les préludes de la révolution française, et c'est là qu'il lance cette phrase : « Les États-Généraux s'assemblent; « le roi peint en peu de mots la détresse des « finances; M. Necker parle longuement de sa vertu, « et l'assemblée perd en un jour l'espoir d'être cor-« rompue et la crainte d'être réprimée. » Il y a ici, ce me semble, à la fin surtout, une concision, et, qui plus est, une profondeur digne de Tacite.

Généralement parlant, on doit s'affliger que le goût ait tant à reprendre dans l'écrivain qui a dit de si bonnes choses sur le goût, qui a fait souvent admirer la richesse et la variété de ses idées, la force de ses raisonnemens, l'originalité de ses expressions; mais il est séduisant dans ses défauts mêmes, et pourrait à ce titre égarer la jeunesse. Il n'y a que l'œil exercé qui ne soit pas fatigué tout de suite du faux brillant que présentent les pages les mieux pensées et les mieux écrites de Rivarol. Le caractère dominant de son style est l'éclat; mais cet éclat n'est pas toujours celui du diamant. Ses feux n'illuminent que sous quelques aspects, et ils ont besoin d'être continuellement rallumés. Au lieu de la flamme une, identique, immortelle du soleil, ce sont des étincelles et des fusées qui éblouissent plus qu'elles n'éclairent.

Après cette part faite à la critique, qui a été plus en fonds sous la plume de M. de Feletz que sous la mienne (1), puis-je mieux finir cette Notice que par le portrait avantageux de cet auteur qu'a tracé à son tour M. Villemain, et qui résume beaucoup de choses que j'ai dites?

« Rivarol le premier porta l'improvisation dans la « société. Homme plus célèbre par ses conversations « que par ses ouvrages, mais singulièrement ingé- « nieux, ce que la facilité de parler ne suppose pas « toujours; à la fois puriste et novateur, écrivant « sur les lettres, la philosophie, la politique, avec « un caractère particulier d'expression qui échappait « à cette uniformité d'élégance commune au dix- « huitième siècle. »

H. L.

(1) Voyez *Mélanges de philosophie et de littérature*, tom. III, p. 433, où il est question du livre intitulé : *Esprit de Rivarol.*

FIN.

9 782013 354790